JN410582

혼자 사는 게 취미랍니다

혼자 사는 게 취미랍니다

강지언 산문집

문학의전당

| 작가의 말 |

문득 어린 시절의 장래 희망이 생각납니다. 중학생 시절에 선생님이 숙제로 장래 희망을 적어 오라고 했을 때 저는 우연히 신문에 난 사진작가의 작품을 보고는 장래 희망이 사진작가라고 했던 기억이 납니다. 그 작가의 작품은 마치 사진이 아니라 인상파 화가의 그림과 같은 느낌이었습니다. 당시 그 느낌이 강렬했습니다. 그리고 미술 필기시험에서 저는 한 시간 공부하고 만점을 받았던 기억이 납니다. 초등학교 6학년 때에는 미술책에 나온 조각품을 보고는 인체의 누드가 아름답다고 느꼈던 기억이 납니다. 저는 아마도 그 당시부터 예술적인 감각이 있었던 것 같습니다. 대학입시를 앞두고 원서를 쓸 때 천문학자를 꿈꾸며 천문학과를 지원했는데 낙방했습니다. 저는 그렇게 조금은 현실과는 동떨어진 꿈을 꾸는 삶을 살고 싶었던 것 같습니다. 조울증으로 정신병원에 입원하고 나와서 1년 후에 문득 시가 쓰고 싶어졌습니다. 무언가 표현할 수 없는 답답한 마음을 글로써 풀어내고 싶었습니다. 그렇게 시작한 글쓰기가 지금까지 이어지고 있습니다. 사람들은 누구나 조금은 자신을 포장해서 보여주지만 저는 너무 적나라하게 자신을 보여주는 것 같습니다. 지금은 어느 정도 생활에 익숙해져서 저도 적당히 가면을 쓰고 살아가는 것 같습니다. 하지만 그 적나라함과 당당함은 아직도 저를 지탱해주는 기둥인 것 같습니다. 그동안 쓴 글들을 모아서 이번에 산문집을 내게 되었습니다. 부족한 점이 많더라도 저에 대한 애정을 가지고 읽어 주신다면 아마도 공감해 주실 부분들이 많으리라고 생각합니다. 살아오면서 많은 인연들을 만났습니다. 그 모든 인연들이 제게는 감사하고 많은 도움이 되는 분들이었습니다. 지금도 제게는 많은 도움을 주는 분들이 계십니다. 앞으로도 그분들에게 감사한 마음을 갖고 살아가려 합니다. 세상엔 제가 갚을 것이 너무나 많습니다. 또한 홀로 살아가는 인생에 의지가 되어주는 언니에게도 감사를 드립니다. 저에게 가족이라는 끈으로 사랑으로 대해주는 언니가 정말 고맙습니다. 제게 자식은 없지만 조카들에게도 감사를 나누고 싶습니다. 아만다, 알렉스, 건희, 준희 너희들을 사랑한다. 힘들지만 아이들을 잘 키워준 올케에게도 감사합니다. 마지막으로 저를 아는 모든 분들에게 감사드립니다. 앞으로 더욱 열심히 살겠습니다.

2022년 여름 광교에서

강지언

| 차 례 |

첫 번째 이야기 _ 소소한 일상들

두 번째 이야기 _ 로뎀나무 아래서

세 번째 이야기 _ 내 인생의 갱년기

네 번째 이야기 _ 양말 한 켤레

다섯 번째 이야기 _ 나의 아름다운 발자취

첫 번째 이야기

소소한 일상들

추하지 않게

약속이 있어서 명동에 나갔습니다. 요즘 명동에는 화장품 상점이 참 많습니다. 아마도 중국인 관광객들이 많이 와서 그런 것 같습니다. 수제 화장품이라고 써 붙인 상점에 들어갔습니다. 그런데 웬 잘생긴 청년이 다가와 수제 화장품에 대해 설명을 하더니 제 손을 잡고는 핸드크림을 발라줍니다. 마치 마사지를 하듯이 부드럽게 제 손에 핸드크림을 발라줍니다. 친절과 사랑을 발라줍니다. 어찌나 기분이 좋던지 그냥 화장품 하나를 샀습니다. 나이는 20대 중반 정도 되어 보이는데 부드러운 목소리와 공손한 몸가짐이 참 마음에 들었습니다. 덕분에 어린 남자의 숨결을 느낄 수 있었습니다. 그러나 딱 거기까지였습니다. 그것이 추하지 않게 나이를 먹는 법임을 저 스스로 알고 있기 때문입니다.

사치스러운 취미

사치라고 한다면 가진 것에 비해서 많이 쓰는 것을 말함일 것입니다. 저에게도 그런 면이 있나 봅니다. 그것은 다름 아닌 독서 취미입니다. 저는 책을 빌려서 보는 것보다 꼭 사서 읽어야 직성이 풀리는 습관이 있습니다. 돈을 주고 산 책이 더 잘 읽히고 눈에 쏙쏙 들어옵니다. 그리고는 다 읽은 책들을 제가 머물던 장소에 은밀히 두고 오는 것입니다. 그곳이 카페일 수도 있고, 지하철일 수도 있고, 공원 벤치일 수도 있고, 버스일 수도 있습니다. 어느 장소이든지 저는 제가 산 책들을 다 보고 나서는 은밀하게 두고 옵니다. 그러면 저 이외의 다른 사람들이 책을 읽을 기회를 갖게 될 것이라고 믿기 때문입니다. 그 순간을 저는 은근히 즐기고 있습니다. 그리고 그것이 제게는 일종의 사치스러운 쾌감을 줍니다. 그리고 기쁘고 뿌듯합니다. 무언가 사회적인 기부를 한 느낌이 들어서입니다. 앞으로도 이런 사치는 쭈욱— 계속될 것 같습니다.

다정한 모녀

집으로 돌아오는 전철 안에서였습니다. 제 앞에는 엄마와 딸처럼 보이는 두 여인이 앉아 있었습니다. 엄마 같아 보이는 여인은 제 나이 정도로 보였습니다. 정갈하게 화장을 하고 옷매무새도 세련되어 보이는 여인이었습니다. 옆에 있는 딸은 그리 예쁘지는 않았지만 영리해 보이는 외모에 풋풋한 20대 초반의 여인이었습니다. 둘은 다정하게 이어폰을 나누어 끼고 스마트폰으로 음악을 들으면서 서로 립 그로스도 발라가며 하하 호호 친근한 모습을 보여주고 있었습니다. 순간 저는 엄마처럼 보이는 여인이 그동안 제가 보아온 다른 어떤 여성보다도 성공한 사람이라는 생각이 들었습니다. 딸과의 다정한 모습만으로도 그렇게 보였습니다. 40대에 맞게 자신을 잘 가꾼 모습에서 저는 그 여인이 참 성공한 사람으로 보였습니다. 두 여인은 저보다 몇 정거장 앞에서 내렸습니다만, 오늘 제 기억 속의 그 모녀는 오래 남을 것 같습니다.

피자가 당기는 날

여행을 다녀와서 몸무게가 조금 불었습니다. 그래서 오늘 저녁에는 아무것도 먹지 말아야지 하고 다짐을 했습니다. 그런데 오랫동안 알아온 동생이 결혼을 한다는 말을 들었습니다. 비주얼도 괜찮고 매너도 좋아서 평소에 괜찮은 남자라고 생각했던 동생이었습니다. 순간, 축하한다는 말은 했지만 왠지 허전함이 밀려왔습니다. 배신감도 들었습니다. 갑자기 허기가 밀려왔습니다. 숨어 있던 외로움이 밀려왔습니다. 먹으면 안 되는데…… 피자를 시켰습니다. 이런 날은 피자라도 먹어야 잠을 잘 수 있을 것 같았습니다. 고구마 피자가 참 빨리도 배달되어 왔습니다. 먹으면 안 되는데…… 오늘따라 피자 맛이 더 좋았습니다. 다이어트는 개나 하라지 뭐! 오늘밤은 이렇게라도 내 허한 마음을 달래줘야 했습니다.

93년생

오늘은 주일이라서 아침 일찍 미사를 보러 성당에 갔습니다. 그런데 제가 너무 일찍 나왔는지 성당 문이 닫혀 있었습니다. 마침 길 건너에 새로 생긴 편의점이 있어서 들어갔습니다. 제가 좋아하는 믹스커피를 하나 골랐습니다. 뜨거운 물에 커피가 녹기를 기다리는데 문득 판매원이 눈에 들어옵니다. 건장한 체구에 진실해 보이는 외모가 눈에 띄는 청년이었습니다. 저는 조심스럽게 말을 걸었습니다. "밤 근무 하는 거 힘들지 않아요? 그래도 여긴 주택가라 낫겠어요." 청년은 사람이 없는 게 더 편하다고 했습니다. 청년은 대학 1학년 정도 되어 보였습니다. 저는 뜬금없이 "어머니 나이가 몇 살이나 되셨어요?" 물었습니다. 지금 생각해도 참 뜬금없는 질문이었습니다. 제가 조금 일찍 음양의 이치를 알았더라면 당신 같은 아들이 있었겠지 하고 생각했습니다. "저 93년생이에요." 그렇군. 요즘 눈에 들어오는 풋풋한 청춘들은 다~ 내 아들

뻘이라 생각하니 괜시리 눈물이 났습니다.

혼밥족의 설날

설날 아침에 밖을 나서니 문을 연 상점이 한 군데도 없었습니다. 어제 다행히 마트에서 모둠전을 사 놓아서 아침에 간단한 떡국과 같이 먹었습니다. 그렇지 않았으면 아침을 편의점에서 해결했을 것입니다. 커피나 한 잔 마실까 하고 카페를 찾는데 설날이라 그런지 문을 연 카페가 보이지 않았습니다. 다행히 날은 그리 춥지 않았습니다. 아침에 먹은 모둠전의 열량이 엄청 높아서 몸무게가 늘면 어쩌나 걱정했습니다. 여자가 혼자 살아도 외모가 날씬하고 예뻐야지 살맛이 나는데 이번에 찐 살을 빼려면 몇 끼를 굶어야 할까? 나이 마흔일곱에 이런 걱정이나 하며 사는 나는 참…… 궁색하다는 생각을 했습니다. 한 시간을 밖에서 돌아다니다가 문을 연 카페에서 아메리카노 가장 작은 것을 주문했습니다. 자리에 앉아서 스페인어 문법책을 한 챕터 읽었습니다. 하나 둘 혼자 사는 사람들이 카페에 모여듭니다. 다들 나와 같은 처지겠거니 생각하니 이상하게 마음이 훈훈해졌습니다. '역시 혼밥족은 외로운 족속들이구나.' 그런데 이런 혼밥족이 날로 늘어난다니 별로 반가운 일은 아닙니다. 혼밥족끼리 뭉쳐서 서로 짝을 찾으면 좋으련만…… 다들 혼자 살아온 내공이 있어서 짝을 맞추기도 쉽지 않을 것입니다. '그래도 인간은 역시 짝짓기를 할 때 가장 아름다운 법인데.' 이런 생각을 몰래 했습니다.

파랑새를 찾아서

오늘 제가 가야 할 결혼식장은 플라토 미술관 뒤편에 있다고 했습니다. 플라토 미술관은 몇 번 가 보아서 잘 찾으리라고 저 자신을 믿었습니다. 집에서 버스를 타고 근처라고 생각하는 정거장에서 내렸습니다. 그리고 덕수궁을 찾아서 걸어갔습니다. 그런데 아무리 길을 걸어도 플라토 미술관은 보이지 않았습니다. 물어 물어서 1시간을 찾아 헤매다가 드디어 플라토 미술관을 찾았습니다. 미술관 뒤편 건물을 찾아서 무사히 결혼식은 보고 나왔습니다. 나는 오십이 다 되어가도록 한 번도 안 한 결혼을 남들은 잘도 합니다. 결혼이라는 역은 아직도 내게 너무 멀리 있나 봅니다. 집으로 돌아가는 길, 지하철을 타려고 하는데 눈앞에 보이는 저 역은 바로 내가 버스에서 내렸던 정거장이었습니다. 아까 내가 근처라고 내렸던 정거장이 바로 플라토 미술관 앞이었던 것입니다. 그렇게 저는 플라토 미술관을 앞에 두고 뺑뺑 돌아서 다시 플라토 미술관으로 왔던 것입니다. 일평생 찾아 헤맸지만 아직 찾지 못한 남자처럼.

성가를 부르는 소년

요즘 저는 주일미사를 송파동에 가서 하고 있습니다. 9시 청소년 미사를 드리는데 눈에 띄는 소년이 있습니다. 보통 저는 미사 1시간 전에 가서 성체조배를 하는데 그 소년은 30분 전에 와서는 성가 연습을 합니다. 송파동 성당에 성가대원은 그 소년을 포함해서 3명인 듯합니다. 그 소년은 노래를 잘 부르는 것 같지는 않지만 성가 연습은 참 열심히 합니다. 그것도 음악이론을 이야기하며 친구들에게 열심히 성가를 가르쳐주면서 성가 연습을 합니다. 그 모습이 얼마나 기특하고 예쁜지 모릅니다. 그 소년은 미사 전에 참석한 신자들에게 성가 연습도 시킵니다. 그 순수한 열정이 무척 아름다워 보입니다. 그 소년에게 격려의 짜장면이라도 사주고 싶은 마음입니다. 아직 어리기는 하지만 그 소년의 그 열정이 아마도 더 멋진 청년으로 성장하도록 할 것입니다. 참 예쁜 소년입니다.

미니 선풍기

사람들로 꽉 찬 엘리베이터 안에서
연인으로 보이는 남녀
여자가 남자의 얼굴에 미니 선풍기를 댄다
너무 작아서 팬이 돌아가는 소리도 들리지 않는
손바닥만 한 작은 선풍기를
자기 얼굴에 가져다 댄다

문득 나는
돌아가는 선풍기 팬에 손가락이 잘리는 상상을 한다
한 손에 잡히는 선풍기
핏물이 튀기는 상상을 한다
빽빽한 엘리베이터 안이 아수라장이 되겠지
감각이 살아있는 잘린 손가락이 꿈틀거릴 것이고
핏물이 뚝뚝 떨어지는 잘린 손가락을 보며
고통스런 통증으로 소스라칠 남녀

이런 괴이한 상상에 나는 스릴을 느낀다

커튼콜

후배가 출연하는 연극을 보러 갔습니다. 〈사람을 찾습니다〉라는 제목답게 연극은 무척 진지하고 무거웠으며 조금은 지루했습니다. 연극이 거의 끝나갈 무렵이었습니다. 연극의 주인공이었던 한 배우가 관객석으로 오더니 바로 내 옆자리에 앉는 것이었습니다. 나는 옆에 앉은 배우의 얼굴에 맺혀 있는 땀을 유심히 보게 되었습니다. 그렇게 연극은 끝나고 배우들이 나와서 인사를 했습니다. 그때까지도 그 주인공은 내 옆에 앉아 있더군요. 나는 그 배우를 바라보며 뜨겁게 박수를 쳐주었습니다. 그런데 나중 뒤풀이 자리에서 알게 된 것인데 내 옆에 있던 배우가 마지막에 받아야 할 조명을 내가 받았다고 합니다. 원래는 옆에 배우가 앉으면 관객이 배우를 위해서 자리를 마련해주면서 조명과 박수를 받고 끝나는 것이라고 합니다. 그런데 나는 열심히 배우만 바라보고 있었고 본의 아니게 마지막 조명을 받고 말았던 겁니다. 그렇게 주인공을 위한 커튼콜을 내가 받고 연극은 끝나버렸습니다. 그 뒤 한동안 다시는 없을 행운을 내가 누렸다고 후배의 놀림을 받아야 했습니다.

여인의 미소

아침에 일어나서 조금 우울했습니다. 내 건강이 좋지 않다는 생각을 하니 마음이 울적했습니다. 그래도 먹고 살아야 되니까 아침을 챙겨 먹고 쓰레기를 버리러 밖으로 나왔습니다. 엘리베이터 앞에서 지난번에 마주친 적이 있는 여인을 다시 만났습니다. 그 여인은 나를 보고 환하게 웃어줍니다. 미소가 참 싱그럽습니다. 그런데 엘리베이터 안에서 빵집에 알바 간다고 하면서 지난번에 내가 들른 것을 기억한다고 합니다. 그러고 보니 나도 그 여인을 빵집에서 봤던 기억이 떠올랐습니다. 참 반가웠습니다. 참 신선했습니다. 그 여인의 싱그러운 미소가 마음에 오래 머물 것 같았습니다. 우울했던 기분이 가라앉는 걸 느낄 수 있었습니다.

거룩한 노래

요즘 저는 한 요양원에서 원예치료 프로그램을 진행하고 있습니다. 그런데 프로그램을 진행하는 내내 무표정하고 무관심한 얼굴로 반응이 없던 할머니 한 분이 계셨습니다. 저는 그 할머니가 참여하도록 옆에 가서 칭찬도 해드리고 꽃도 다듬어 드리고 그랬는데 할머니는 여전히 무덤덤한 반응이었습니다. 프로그램이 끝날 무렵 각 테이블 별로 대표 어르신이 노래를 부르는 시간이 있었는데 바로 그 할머니 앞에 마이크가 갔습니다. 그런데 할머니가 목청껏 노래를 부르시는 것이었습니다. 저는 그 할머니가 노래를 그렇게 열심히 부르시는 모습에 무척 놀랐습니다. 노래가 끝나고 모두 잘했다고 박수를 쳤습니다. 저는 특히 엄지를 올리며 다소 과장되게 할머니를 칭찬해 드렸습니다. 그랬더니 할머니 얼굴에 환한 미소가 피어났습니다. 그 모습이 얼마나 감동적이었는지 모릅니다. 저는 아마도 이 원예치료를 오래할 것 같습니다.

마법의 1603호

성당 반장이 된 관계로 반원들과 인사라도 나눌 생각으로 가가호호 방문을 시작하였습니다. 제가 사는 곳은 원룸 오피스텔로 A동과 B동으로 나누어져 있습니다. 저는 B동에 사는데 A동 1603호를 방문하러 갔습니다. 그런데 아무리 찾아도 1603호가 없는 것이었습니다. 그래서 아마 성당에서 표기를 잘못한 것이겠지 하고 그날은 집에 돌아와 잠들었습니다. 그런데 며칠 후 부동산에 들러서 수다를 떨다가 알게 되었습니다. A동에는 엘리베이터가 두 군데 있다는 것입니다. 1603호에 가려면 좀 더 멀리 있는 엘리베이터를 타야 한다고 합니다. 그제서야 저는 1603호를 찾을 수 있었습니다. 마법의 1603호가 나타난 것입니다. 오피스텔 특성상 서로가 서로를 잘 모르고 살다가 신앙을 매개로 마법의 문이 열리게 되었습니다. 더 많은 언니 동생이 생기게 되었습니다.

추억의 보리밥집

오랜만에 예전 어머니와 함께 살던 동네에 다녀왔습니다. 그 동네는 아파트 앞에 전철역이 있고 아울렛 매장과 대형병원이 있는 곳이었습니다. 그곳에는 생전에 어머니가 무척 좋아하시던 보리밥집이 있습니다. 저는 그다지 구미가 당기지 않았지만 어머니가 좋아하셔서 그 집에 자주 가곤 했었습니다. 그런데 저도 이제 나이가 들어가나 봅니다. 보리밥이 맛있어지기 시작한 겁니다. 오랜만에 맛본 보리밥 한 그릇에 어머니의 추억도 묻어 있었습니다. 식당을 나오면서 계산을 하려고 하니 가격도 그 시절 그 가격 그대로 오천 원이었습니다. 아직도 그곳을 지키고 있는 보리밥집이 그렇게 고마울 수가 없었습니다. 어머니가 참 그리웠습니다.

복권의 재미

올해 들어서 매주 꾸준히 복권을 샀습니다. 늘 꽝이지만 아깝다는 생각은 하지 않습니다. 실망도 하지 않습니다. 그냥 제 생활의 작은 유희라고 생각하니까요. 추첨을 기다리는 일주일 동안 설렘을 안고 살 수 있다는 것만으로도 충분합니다. 이 또한 작은 행복이라 여기며 삽니다. 그러다가 간혹 1등 당첨이 되면 어쩌지, 걱정을 하기도 합니다. 미리 기부할 곳도 물색해 두고 집을 옮길 계획도 세워 두었습니다. 그때마다 가슴이 두근거리며 온몸이 뜨거워집니다. 지금보다 더 당당하게 남자를 만날 수도 있겠다 싶습니다. 오늘은 즉석복권을 샀는데 천 원이 당첨되었습니다. 공짜로 한 장을 더 받아서 긁어보니 또 천 원이 당첨되었습니다. 저는 그것을 행운의 조짐이라고 생각했습니다. 복권은 꼭 큰 금액이 아니라 작은 금액이라도 당첨이 되면 그 자체로 행운이라고 믿고 살았습니다. 그래서 오늘은 종일 기분이 참 좋았습니다.

달팽이집이 있는 골목 / 고영

내 귓속에는 막다른 골목이 있고,
사람 사는 세상에서 밀려난 작은 소리들이
따각따각 걸어 들어와
어둡고 찬 바닥에 몸을 누이는 슬픈 골목이 있고,

얼어터진 배추를 녹이기 위해
제 한 몸 기꺼이 태우는
새벽 농수산물시장의 장작불 소리가 있고,
리어카 바퀴를 붙들고 늘어지는
첫눈의 신음 소리가 있고,
좌판대 널빤지 위에서
푸른 수의를 껴입은 고등어가 토해놓은
비릿한 파도 소리가 있고,
갈라진 손가락 끝에
잔멸치 떼를 키우는 어머니의

짜디짠 한숨 소리가 있고,

내 귓속 막다른 골목에는
소리들을 보호해주는 작고 아름다운
달팽이집이 있고,
아주 가끔
따뜻한 기도 소리가 들어와 묵기도 하는
작지만 큰 세상이 있고,

—고영 시집, 『산복도로에 쪽배가 떴다』(문학의전당)

시대의 아이콘

—신영복 작가

제가 가장 존경하는 작가를 소개합니다. 1968년 통혁당 사건으로 무기징역을 받고 20여 년간 감옥에 복역했던 신영복 작가입니다. 그는 1988년 감옥을 나와서 성공회대 교수를 역임했습니다. 그에게는 감옥 생활을 바탕으로 쓴 『감옥으로부터의 사색』과 강의 내용을 정리해서 발표한 『강의』, 『담론』 등의 저서가 있습니다. 특히 『감옥으로부터의 사색』은 지금까지도 필독서라 할 만큼 독자들에게 많은 사랑을 받고 있습니다. 신영복 작가의 글을 읽으면 뼛속까지 울림이 느껴집니다. 그것은 다름 아닌 이 시대를 살아가는 사람들이 현실에 적응해 나가는 방법이니까요. 그는 세상을 관통하는 식견을 지닌 작가입니다. 그래서 저는 신영복 작가의 인품과 재능을 존중합니다. 신영복 작가와 한 시대를 공유할 수 있다는 것에 감사합니다. 저도 세상을 바로 보는 식견을 지닌 사람이 되고 싶습니다. 살아가는 일이 힘들더라도 그것이 저에게 주어진 과제라고 생각하며 열심히 살아보고 싶습니다. 아무리 어려운 환경에 처하더라도 그것을 극복할 수 있는 인내심과 용기를 지닌 사람이 되고 싶습니다. 지금은 고인이 되었지만 그가 남긴 글들은 세대를 뛰어넘어 많은 사람들에게 삶의 이정표가 되어주고 있습니다.

두 번째 이야기

로뎀나무 아래서

〈로뎀나무 아래〉

2009년 11월 21일 드디어 꽃가게를 인수하는 계약을 했습니다. 사실 저는 1995년부터 꽃을 배웠습니다. 꽃을 배우기 시작할 무렵 저는 삼성전자를 다니고 있었습니다. 대학을 졸업하고 들어간 첫 직장이 삼성전자였습니다. 일이 적성에도 안 맞았고 사회생활에 적응을 못해서 저는 당시에 참 힘들었습니다. 그러면서 성당에 다니기 시작했습니다. 성당에 다니기 시작할 무렵부터 꽃이 눈에 들어왔습니다. 꽃이 너무나 아름답다고 느꼈습니다. 사람들이 정서적으로 충만해지는 단계에 나타나는 현상이 꽃과 식물을 사랑하는 것입니다. 그래서 꽃가게를 하면서도 꽃과 식물을 사랑하는 사람들을 저는 참 좋아했습니다. 사실 저는 꽃을 배우러 독일에도 다녀왔습니다. 흔히 말하는 유학파 플로리스트입니다. 당시는 꽃으로는 독일 플로리스트가 유행하던 시절입니다. 독일에 간 것은 제가 처음으로 외국으로 나간 것입니다. 그래서 참 기억에 좋습니다. 독일에서 꽃을 배운 경험은 많은 도움이 되었습니다. 그래서 결국에는 꽃가게를 하기로 했습니다. 여러 군데를 물색하다가 집 근처에 나온 꽃가게가 마음에 꼭 들었습니다. 그래서 권리금이라는 것을 주고 가게를 인수했습니다. 지금 생각해보면 당시에 제가 나이가 젊어서 가능했던 일인 것 같습니다. 제가 인수한 꽃가게는 인테리어가 잘 되어 있어서 무척 예쁜 꽃집이었습니다. 당시에 무척 설렜던 마음이 생각납니다. 아무튼 그렇게 꽃가게를 시작했습니다. 이름은 〈로뎀나무 아래〉로 정했습니다.

로뎀나무(Broom tree)는 히브리어로 '로뎀', 헬라어로 '라드멘'이며 우리나라에서는 금작화(金雀花)라고 합니다. 콩과에 딸린 늘 푸른 떨기나무이며 대싸리나무라고도 합니다. 수리아, 팔레스타인, 시나이, 애굽 등지의 사막에서 볼 수 있는 별로 크지 않는 관목의 일종으로 잎이 거의 없고 잔가지가 많습니다. 봄이 되면 로뎀나무에서 빨간 줄무늬가 있는 하얀 꽃이 피는데 그 향기는 살구꽃과 비슷합니다. 로뎀나무는 숯처럼 불을 오랫동안 간직하기도 하는 좋은 연료가 되기도 합니다. '로뎀의 집' 등으로 사용하는 것은 작열하는 태양빛을 그늘로 제공하는 의미에서 쉼터가 되고 안식을 얻을 수 있다는 의미에서입니다. 저도 저의 꽃가게가 바로 쉼터가 되고 안식이 되자는 의미에서 상호로 사용하게 되었습니다.

아름다운 손님들

꽃가게를 운영하면서 멋진 손님들을 만났습니다. 어느 노부부는 일주일에 한 번씩 할아버지께서 할머니에게 꽃을 선물하시는 분이 계셨습니다. 참 보기에 좋았습니다. 꼭 돈이 많아서가 아니라 마음이 여유롭고 사랑이 있는 분들이라고 생각합니다. 그리고 친구도 사귀었습니다. 그분은 저보다 나이가 한 살 많은 분이셨는데 일주일에 한 번씩 오시면서 저에게 정서적으로 많은 도움이 되는 분이셨습니다. 그분은 미술치료를 배우고 계셨는데 저에게도 권유를 해주셨고 그분께 미술치료를 받게 되었습니다. 사실 저는 당시에 가족 말고는 모르는 비밀이 있었습니다. 저는 10년 넘게 약을 복용하고 있는 조울증 환자였습니다. 그것을 아무에게도 말하지 못했습니다. 저는 어려서부터 칭찬을 많이 받고 성장하였습니다. 한 번도 아웃사이더였던 적이 없었습니다. 소위 말하는 엘리트 계층이었습니다. 그런데 한창 나이 30세에 정신병원에 입원할 만큼 심각했던 적도 있었습니다. 하지만 그것은 그리 큰 문제가 아니었습니다. 또한 군이 감추려고 하지도 않았습니다. 저는 그냥 있는 그대로 잘 살아가면 되는 일이었습니다. 저도 충분히 사랑받는 존재가 되었고 살아갈 자신이 있었습니다. 지금 생각해보니 제게 미술치료를 해주신 그분이 제 치료의 시작이었던 것 같습니다.

모든 상품에는 주인이 있습니다

저희 가게에 율마가 아주 잘 자라고 있었습니다. 그 율마가 마음에 들었는지 매번 올 때마다 눈을 떼지 못하던 손님이 있었습니다. 하지만 율마는 한번 들른 다른 손님이 학교에 가지고 간다고 사가셨습니다. 그런 일들을 보면 모든 상품에는 주인이 따로 있는 것 같습니다. 아마도 인연이겠지요. 사람들 사이도 그렇습니다. 그래서 자기 짝이 따로 있다고 하는 것 같습니다. 혹시 율마가 어떤 식물인지 모르는 분들이 계실 것 같습니다. 율마는 물을 좋아합니다. 특히 율마는 물을 공급하는 것을 꾸준히 해주어야 합니다. 한번 물 공급이 떨어지면 잎이 딱딱해지면서 버썩 말라서 죽고 마는 식물입니다. 파릇파릇해서 겨울 크리스마스 시즌에 참 잘 나가는 싱그러운 식물입니다. 꽃가게를 하기 전에 다른 가게에서 알바를 한 적이 있습니다. 그곳 사장님이 율마를 좋아하셔서 자주 사놓으셨는데 제가 관리를 잘못해서 죽어버린 경우가 있었습니다. 그때 참 안타까웠던 기억이 납니다. 그래서 그 후에 율마가 물을 좋아한다는 것을 알고는 저희 가게에서는 잘 길러서 팔았습니다.

기도의 힘

꽃가게 인근에 가락동 성당이 있었습니다. 저는 당시 가락동 성당에 교적을 두었습니다. 그리고 레지오를 그곳에서 하게 되었습니다. 당연히 꽃가게에 들르는 손님들 중에는 가락동 성당 분들이 많이 계셨습니다. 그리고 성당 반 모임을 제 가게에서 하게 되었습니다. 물론 레지오 단원들도 찾아와서 기도해주시곤 하셨습니다. 지금 생각해보니 그런 일들이 모두 감사한 일들입니다. 얼마나 제게 힘이 되었는지 모릅니다. 아마도 그런 기도들이 제가 살아가도록 지탱해준 힘이 되었던 것 같습니다. 한 달에 한번 성당 반 모임을 가게에서 하고 나면 기분이 참 좋았습니다. 그분들 중에는 저를 탐탁지 않게 생각하시는 분도 계셨습니다만 그 또한 기도의 힘으로 이겨낼 수 있으리라 믿었습니다. 제가 최선을 다하면 언젠가 진심이 전해질 테니까요. 꽃처럼 말이죠.

전도사의 방문

손님들 중에는 다양한 사람들이 있었습니다. 어느 날 한 젊은 청년이 저희 가게에서 학생들 전도 모임을 해도 되냐고 문의하셨습니다. 그분은 기독교 교회 전도사였습니다. 저는 흔쾌히 환영해 드렸습니다. 그렇게 일주일에 한 번씩 인근 고등학교 학생들과 전도 모임을 하게 되었습니다. 저는 그 전도사가 오시기를 바랐습니다. 그가 학생들과 하는 이야기를 들으면서 저도 같이 기도했던 기억이 납니다. 당시에 저희 가게에서는 커피와 차 종류를 같이 팔고 있었습니다. 물론 음료가 잘 나가는 것은 아니었습니다. 그래도 전도사님은 저희 가게에서 믹스커피를 드시면서 학생들과 이야기를 나누셨습니다. 지금 생각해도 제 입가에 흐뭇한 미소가 지어집니다. 한번은 그분이 사귀는 여자 친구와 방문한 적이 있습니다. 그분과 무척 잘 어울리는 예쁜 분이셨습니다. 제가 가게를 그만둔다고 했을 때 무척 섭섭해 하셨던 일이 생각납니다. 저희 가게를 홍보해 주시려고 교회 다니시는 분들도 많이 모시고 오셨던 분이셨습니다. 지금은 아마도 목사님이 되셨을 것 같습니다. 목회 활동도 잘하고 계시리라 믿습니다. 무척 복된 시간이었습니다. 그분과의 인연도 감사합니다. 그러고 보니 저는 제 가게를 하면서 참 행복한 일들이 많았습니다.

짜증나는 일들

어느 비가 오는 날이었습니다. 가게는 비가 오면 손님이 뜸합니다. 인근에 부동산이 있었습니다. 그곳에서 일하시는 분 중에 꽃과 식물에 관심이 많은 분이 계셨습니다. 그분은 물건은 안 사면서 하루에 한 번씩은 꼭 들러서 구경을 하다가 가시는 분이셨습니다. 그분은 다육식물을 좋아하셨습니다. 그래서 저희 가게에도 다육식물을 많이 가져다 놓으라고 하셨습니다. 사실 다육식물이 잘 나가는 것이 아니어서 저는 많이 가져다 놓지 않았습니다. 그런데 그분은 사지도 않을 거면서 단지 구경하고 싶어서 그러는 것이라고 생각하니 울컥 짜증이 올라왔습니다. 그런 분들은 안 왔으면 하는 마음이 들었습니다. 그런데 그런 분들도 저희 가게에는 중요한 손님입니다. 당시에는 그런 생각이 안 들었던 것 같습니다. 그런 인연들도 소중히 여기는 마음이 필요했던 것 같습니다. 참고로 다육식물은 한 달에 한번 정도 스프레이로 물을 공급해 주기만 하면 됩니다. 다육식물이 원래 사막 기후에 익숙한 식물이어서 선인장처럼 물을 안 좋아합니다. 하지만 관리를 잘 못하면 말라버리고 맙니다. 햇볕이 잘 드는 곳에 두는 것이 중요합니다. 처음에 다육식물이 상품으로 나왔을 때 보면 통통하니 파릇한데 집에 가지고 가서 기르려면 금방 말라버리는 경우가 있습니다. 그런 것은 과습한 경우가 많습니다. 잎이 떨어진 경우에도 그냥 흙 위에 두기만 해도 뿌리가 잘 내립니다. 국내에 판매되는 다육식물은 종류도 다양하고 참 예쁜 식물들이 많습니다. 그래서 다육식물을 좋아하는 분들이 많이 계십니다. 그런데 그분은 제가 소홀히 대하니까 섭섭하셨나 봅니다. 아마도 제가 싫어하는 게 보였나 봅니다. 그래서 나중에는 안 오기 시작하셨습니다. 그분 역시 저희 가게에 많은 관심을 가지셨던 분인데 제가 괜히 싫어했던 것 같습니다. 지금도 꽃과 식물을 좋아하고 계시리라 생각합니다.

도덕률

다섯 개의 사과를 먹었다
까만 비닐봉지에 껍질과 꼭지를 넣어가지고
상가 화장실 쓰레기통에 버렸다
아무도 본 사람은 없다
은밀하게 인적이 드문 새벽에 버렸다
청소부 아줌마가 그걸 발견하고
분리수거 안 했다고 투덜거릴 것이다
나는 다섯 개의 사과를 먹어치우고
나머지 잔여물을 처치할 방법을 고민하다가
야밤에 몰래 담 넘어 들어가듯이
그렇게 몰래 상가 화장실에 숨어 들어가
내가 먹은 사과의 붉은 미소를
처치해 버린 것이다

멋진 남자

꽃가게를 하면서 사랑하는 여성에게 꽃 선물을 하는 남자 손님들을 맞이하게 되면 저도 기분이 참 좋습니다. 아무리 꽃이 필요 없다고 하시는 사람이더라도 일단 꽃을 선물 받으면 그분은 가장 아름답게 웃음을 지으십니다. 꽃은 그렇게 행복을 전파하는 힘이 있습니다. 그리고 꽃은 그 자체로 아름답습니다. 아마도 신이 인간들에게 아름다움에 대한 기쁨을 주려고 만든 선물이 꽃인 것 같습니다. 그리고 여성에게 꽃을 선물하는 매너를 가진 남자는 참 마음이 따뜻한 남자입니다. 그래서 제 가게에서 꽃을 사는 남자를 저는 참 좋아했습니다. 제 기억에 남는 손님은 따님이 첫 생리를 시작했다고 꽃을 사 가시는 아버님이 있었습니다. 그분은 딸에 대한 애틋한 마음을 지닌 분인 것 같습니다. 저만 해도 첫 생리가 부끄러워서 아빠한테도 이야기하지 말라고 했던 기억이 나는데 요즘에는 당당하게 이야기합니다. 그것 역시 멋진 일입니다.

이웃사촌

저희 가게 옆집에는 치킨집이 있었습니다. 그 치킨 가게는 부부가 운영하는 곳이었습니다. 그런데 안주인께서 제게 참 잘해주셨습니다. 잔치국수를 가져와서 먹으라고 하신 적도 있었고 옥수수를 삶아서 주신 적도 있었습니다. 그리고 제가 처음 장사를 하는 것을 아시고 여러 가지로 조언을 많이 해주셨습니다. 그런데 당시에는 그런 일들이 참견하는 것 같아서 저는 별로 좋아하지 않았습니다. 지금 생각해보니 그런 관심에 감사해야 하는 일이었습니다. 그리고 저는 참 부족함이 많은 사람이었습니다. 물론 지금도 부족함이 많습니다. 그런데 주위 사람들이 이렇게 부족함이 많은 저를 살아가도록 많이 도와주신 것 같습니다. 비록 꽃가게를 1년 만에 그만두긴 했지만 살아가는 데 많은 도움이 되었습니다. 꽃가게 이후에 인터넷 서점에서 배송포장 업무를 하면서 저는 많은 반성을 했습니다. 꽃가게 사장이라는 명함은 살아가는 데 중요한 일이 아니었습니다. 장사라는 것은 교만한 마음을 가지고 하면 안 되는 것이었습니다. 저는 인생의 기본부터 다시 배우게 되었습니다. 그래서 인터넷 서점에서 책을 포장하는 일을 했습니다. 물론 그곳에서의 일도 제가 살아가는 데 많은 도움이 되었습니다. 모든 사람들에게 감사하며 살아야 합니다. 지금 현재 제 옆에 있어 주는 사람들이 참 중요한 사람들입니다. 제가 살아가게 힘을 실어주는 사람들입니다. 그것을 살아가면서 나이가 들어가면서 깨달았습니다.

가을과 함께 차 한 잔

계절이 바뀌어 가을이 왔습니다. 가게에서 바라보는 풍경들이 좋았습니다. 허브차를 마시면서 바라보는 낙엽들이 좋았습니다. 물론 장사는 안 되었습니다. 그나마 다행인 것은 점포를 1년만 계약했다는 것입니다. 장사가 안 되는 것은 둘째 치고 점포 임대료를 내는 일이 만만치 않았습니다. 권리금은 차치하더라도 매달 들어가는 임대료 때문에 제 인생은 조금씩 마이너스가 되었습니다. 물론 가지고 있는 돈에서 까먹은 것입니다. 하지만 빚을 지거나 그러지는 않았습니다. 그것 역시 다행입니다. 장사라는 것을 처음 하다 보니 들어오고 나가는 돈관리가 잘 되지 않았습니다. 그런 일에 대한 개념도 부족했습니다. 하지만 예쁜 가게에서 나만의 시간을 가진 것은 참 좋은 추억으로 남아 있습니다. 다시 올 수 없는 복된 시간이었습니다. 그것 역시 제 인생에 값진 시간이었습니다.

마지막 만찬

꽃가게를 정리했습니다. 딱 1년 만이었습니다. 마음이 홀가분했습니다. 가게에 있던 꽃 냉장고와 비품들을 정리했습니다. 모두 팔았습니다. 그러니까 제 마음도 정리가 되었습니다. 비로소 가게에 매이지 않아도 되는 자유인이 되었습니다. 사실 가게를 하면서 한 장소에 하루 종일 있는 것이 조금은 답답했습니다. 가게와 꽃을 떠나보내고 나서 혼자 파스타를 먹었습니다. 저만의 축하 시간을 가진 것입니다. 좋은 경험이었습니다. 이곳에서 만난 인연들에 감사합니다. 그동안 만났던 손님들에도 감사합니다. 제 인생의 일정 부분에 감사합니다. 꽃과 저의 인연은 여기까지인 것 같습니다. 그래도 잘 살았습니다.

축복의 시간

오랜만에 친구와 함께 꽃시장에 나왔습니다. 예전에 꽃가게를 할 때 새벽 꽃시장에 다니던 기억이 났습니다. 그때는 몰랐는데 이렇게 아름다운 꽃들을 만지는 장사를 했다는 것이 무척 축복이었던 것 같습니다. 꽃이 너무나 좋아서 시작한 일이었습니다. 그리고 지금도 꽃이 정말 아름답습니다. 다시 오기 어려운 축복의 시간이었습니다. 앞으로 더욱 아름다운 사람으로 거듭나겠습니다. 사람들에게 충실하겠습니다. 제 인생에 충실하겠습니다. 살아가는 일에 감사하겠습니다. 열심히 살겠습니다.

밤의 아늑함

열차를 타고 집으로 돌아가는 길입니다. 창밖으로는 노을이 지더니 이내 어두워집니다. 반짝이는 불빛들 사이로 어둠이 부화를 시작합니다. 흔히들 밤이 어둡다고 합니다. 하지만 밤은 까만색입니다. 까만색은 안정감을 줍니다. 누가 어둠이 아늑하다고 느낄까요? 저에게 어둠은 안정감을 줍니다. 저의 내면으로 침잠하도록 만들어 줍니다. 밤은 아늑합니다. 아늑한 공간입니다. 어머니 자궁 속의 까만색입니다. 사람은 생각한 대로 살아간다고 합니다. 그렇습니다. 저도 생각을 합니다. 제 생각은 밤의 아늑함 속에 물들어 갑니다. 저 멀리 우주의 블랙홀 속으로 빠져들어 가듯이 밤의 어두움 속으로 빠져들어 갑니다. 저는 밤의 어두움 속으로 리셋 됩니다. 그래서 머리가 맑습니다. 고요합니다. 깨끗합니다. 밤의 아늑함 속에서 잠이 듭니다.

달콤한 꿈

오늘도 출근길에 편의점을 들렀습니다. 그곳에서 커피를 한 잔 마시면서 천 원짜리 즉석복권을 긁는 재미에 빠집니다. 저는 늘 아침마다 버스를 타고 가면서 오늘은 분명 오억 원이 당첨될 것이라는 희망을 가집니다. 오억 원으로 무엇을 할 것인가를 상상하며 입가에 미소를 머금고 편의점에 들어갑니다. 하지만 오늘도 꽝입니다. 하지만 괜찮습니다. 다시 내일이 올 것이고 내일 아침에는 또 오억 원을 꿈꾸며 출근할 것이니까요.

옆구리 / 이해존

옆구리에 방이 있다 방에는 식탁도 꽃병도 빗장도 없다 누구나 휘돌아 나갈 뿐 살이 되지 못하는…… 오래된 벽지를 뜯어내면 살내가 났다 벽지를 돌돌 말아 창문을 만든다 그사이 옆구리는 더 넓고 어두워져 메아리만 키운다 당신에게 건넨 말이 소문이 되어 돌아왔다 탁자 위 메모도 없이 옆구리를 빠져나갔다

치명적인 옆구리의 사내가 있다 바람이 비닐봉지를 부풀리고 소주병을 쓰러뜨린다 무언가 쏟아내지 못한 것들이 쓰러져 옆구리가 된다 바람이 잔가지 쏟아낼 때, 사내가 몸을 일으켜 한 손으로 옆구리를 뒤져본다 두툼한 주머니에서 두루마리 길게 풀려 나온다 꼬리처럼 드리우며 걸어간다

처음부터 식탁도 꽃병도 빗장도 없었던 것은 아니다 오

랫동안 옹이 진 한 사람이 빠져나가고 한쪽 옆구리로 기
울기 시작했다 희디흰 갈비뼈로 빗장을 걸고 옆구리를
베고 눕는다 언제부턴가 자주 주머니 속에 손을 넣었고,
구멍 난 주머니 속으로 따뜻한 내 살을 만져본다

—이해존 시집, 『당신에게 건넨 말이 소문이 되어 돌아왔다』(실천문학사)

감수성의 화신
―류시화 작가

류시화 작가는 제가 대학 다닐 때 처음 접한 작가입니다. 그의『외눈박이 물고기의 사랑』이라는 시집을 읽었던 기억이 납니다. 하지만 당시 저는 문학에 별로 관심이 없던 학생이어서 그냥 스쳐 지나가는 인연이었습니다. 그 다음에 그가 번역한 작품을 읽었습니다. 무언가 명상과 진리를 찾아 갈구하는 자세가 눈에 들어왔습니다. 그러다가 요즘 들어 부쩍 그의 작품들이 좋아집니다. 30여 년을 꾸준히 같은 목적을 가지고 글을 쓰는 작가라고 생각합니다. 주제가 명료해서 좋습니다. 그의 작품에 나타나는 구도적인 자세는 가히 명상 전문가 수준입니다. 그리고 무엇보다 내용이 재미있습니다. 우화와 상상에서 덧붙여 나오는 글들이 무척 감칠맛 납니다. 그의 글은 갈수록 무르익고 있다는 생각이 듭니다. 저는 아마도 계속 그의 팬이 될 것 같습니다. 다음 작품들을 기대해 봅니다.

세 번째 이야기

내 인생의 갱년기

우울모드

저는 요즘 우울합니다. 매일 아침 일어나면 예민하게 아침의 몸 컨디션을 확인합니다. 온 신경이 제 몸의 컨디션에 집중해 있습니다. 그래서 예전에는 무심코 넘어가던 일들을 이제는 예민한 신경으로 감지합니다. 최근에 오메가3와 비타민을 먹기 시작했습니다. 사실 제가 얼마나 오래 살지에 대한 희망은 별로 없습니다. 그래도 바라고 있습니다. 80세까지는 살다가 죽어야 하지 않을까 합니다. 그런데 건강하게 살고 싶습니다. 저의 아버지처럼 요양병원 침대에 누워서 거동도 못하며 죽음을 기다리고 싶지는 않습니다. 저의 과거를 말씀드린다면 저는 30세부터 정신과 약을 복용하고 있습니다. 병명은 조울증이었습니다. 지금 아마도 제가 우울기에 빠진 시기일지도 모릅니다. 하지만 또 복병이 있습니다. 바로 갱년기입니다. 사실 요즘의 제 우울이 갱년기 때문인지 조울증 때문인지 아직은 잘 모르겠습니다. 하지만 원인을 밝혀서 풀어나가야 할 문제입니다. 결론은 건강하게 살고 싶습니다. 건강한 노년을 보내고 싶습니다. 그것이 제 바람입니다. 생의 동아줄을 잡고 올라가고 싶습니다. 굵고 튼튼한 동아줄을 잡고 싶습니다. 멋진 노년을 기대해 봅니다.

기분 좋은 호의

저는 40대에 미술관에서 전시해설 하는 일을 했습니다. 그런데 제가 전시해설 일을 하는 미술관에는 이탈리안 레스토랑이 있었습니다. 저는 일이 있는 날 미술관에 가면 늘 그 레스토랑에 들러서 치킨 커리 볶음밥과 레모네이드를 먹었습니다. 그런데 언제부터인가 레스토랑의 매니저가 저에게 서비스를 해주기 시작했습니다. 어느 날은 샐러드를, 어느 날은 레모네이드를 공짜로 주기도 했습니다. 처음에는 그저 단골에 대한 호의이거니 하고 대수롭지 않게 여겼습니다. 그런데 어느 날부터인가 그 남자의 호의가 색다르게 다가왔습니다. 그 남자는 마치 제가 오기를 기다린 듯해 보였습니다. 그간 받은 서비스만도 참 많았습니다. 그리고 그 남자는 충분히 매력적이었습니다. 이탈리안 레스토랑의 매니저의 모습을 하고 있는 단단한 체격에 구레나룻이 매력적인 정말 상남자였습니다. 언젠가 눈이 마주쳤는데 빨간 립스틱을 바른 제

입술을 눈여겨보는 듯했습니다. 비록 착각일지라도 저는 기분이 좋았습니다. 왠지 남자한테 관심 받고 있는 느낌이 좋았습니다. 그래서 그곳 미술관하면 그 남자가 오래 기억날 것 같습니다.

평범한 바람

결혼을 안 한 제가 지금 바라는 것이 있습니다. 그것은 언젠가 제가 죽음을 맞이했을 때 따뜻한 가족의 품안에서 눈을 감는 것입니다. 그러면 저는 아주 편안하게 죽음을 맞이할 것 같습니다. 그리고 천국에 대한 강한 믿음을 가지고 이 세상을 떠날 것 같습니다. 인간은 나이가 들면 결혼을 하는 것이 정상입니다. 그리고 가족을 이루고 사는 것이 행복입니다. 비록 살면서 고달프고 힘들더라도 삶의 마지막 순간에 내 후손을 남기고 나를 배웅해줄 가족이 있다는 것은 참 행복한 일입니다. 지금 그 중요한 가족이 없는 제가 참 안타깝습니다. 사람은 모든 것을 가질 수 없다고 합니다. 그런데 저는 가장 소중한 행복을 가지지 못했습니다. 그 대신 제가 가진 것은 무엇일까요? 지금이라도 마음을 먹고 가족을 만들어 보는 것을 생각해봅니다. 하지만 그런 의욕은 생기지 않습니다. 앞으로 제 인생이 어떻게 끝날지는 모르지만 허락하신다면 저도 가족을 가지고 싶습니다. 이것이 솔직한 제 바람인 것 같습니다.

나의 아지트

한때 제가 자주 가는 곳이 있었습니다. 바로 집 근처 카페입니다. 아침에 일어나서 가면 저는 늘 아이스 카페라떼와 빵을 한 개 주문해서 먹었습니다. 그 카페 직원들은 모두 제가 아이스 카페라떼를 아침에 마시는 것을 알고 있습니다. 그리고 음료를 마시면서 창밖을 바라봅니다. 마음을 편안하게 하고 명상에 잠깁니다. 그러면 아침이 편안해집니다. 그리고 점심 무렵에 들러서는 토마토주스를 마십니다. 그것 역시 직원들도 다 아는 사실입니다. 저는 토마토주스를 마시며 책을 읽거나 밖을 바라봅니다. 그러면서 제 몸이 건강해질 것이라는 상상을 합니다. 제가 이 카페를 자주 가는 이유는 터가 저랑 맞기 때문이었습니다. 제 몸이 편안함을 느꼈습니다. 아마도 그 카페에서 받은 편안함을 오래 기억할 것 같습니다.

학교 가는 아이들

아침에 카페에서 차를 마시면서 창밖을 보면 학교 가는 아이들이 눈에 띕니다. 그중에는 매일 아침 보는 학생도 있습니다. 청소년들은 학교에 가야 합니다. 그들의 매일의 생활은 학교에 가서 친구들과 지내고 공부를 하는 것입니다. 그것이 정상 청소년입니다. 그렇게 청소년기를 보내고 대학에 가고 졸업을 하고 취직을 하고 돈을 벌고 결혼을 하고 부모가 됩니다. 이렇게 사는 것이 인생입니다. 그 정도를 벗어나면 그것에 대한 책임은 본인이 부담해야 합니다. 저는 결혼을 못하고 부모가 못 되었습니다. 하지만 저는 그것에 대해서 책임을 회피하지 않을 것입니다. 외로움이란 책임을 저는 지금 맡고 있습니다. 외롭습니다. 하지만 살아나갈 것입니다. 저 자신을 위해서 살아가면서 외로움과 싸울 것입니다. 그것이 제 책임입니다.

문제는 바로 나 '자신'

오늘 오래간만에 전에 살던 동네 성당에 가게 되었습니다. 그런데 저는 그 성당에 다니면서 당시의 저 자신을 둘러싼 일들에 불만이 많았습니다. 그리고 그 성당 교우들이 수준이 낮다고 생각했습니다. 하지만 오늘 제가 그 성당에 가서 느낀 것은 다른 사람들은 모두 그대로이고 아무 문제가 없다는 것입니다. 늘 모든 불만의 근원은 바로 저 '자신'이었습니다. 문제의 핵심은 저 '자신'입니다. 저만 변하면 되는 것이었습니다. 문제는 없었습니다. 제가 모든 것을 문제라고 생각했을 뿐입니다. 지금도 그렇습니다. 제가 만드는 제가 생각하는 문제들은 모두 허상입니다. 나 '자신'만 변하면 됩니다. 그것을 이제야 알았습니다. 저는 행복하고 싶습니다. 잘 살아가고 싶습니다. 건강하고 싶습니다. 기도하고 싶습니다.

꿈속에서

아스파라거스를 허벅지에 꽂았다
글라디올러스는 어깻죽지에 꽂았다
장미는 글라디올러스 길이의 삼분의 일로 잘라서
배꼽 정중앙에 사십오 도 각도로 꽂았다

나는 내 몸을 황금분할했다
사지를 갈기갈기 3:5:8로 분할했다
이제 나머지 편백은 잘게 잘라서
엉덩이를 가려주어야 한다

매일 밤 꿈속에서 형형색색 꽃을 가지고
수직형을 만들었다 다시 뽑아서
부채형도 만들고 원형도 만들고
다이아몬드도 만들었다 다시 풀어헤쳐 놓는다

머릿속 가득 찬 활짝 핀 꽃들이

컬러풀한 꿈속에서

매일 밤

꽃으로 만리장성을 쌓는다

옆집 어르신

어제 저의 행동에 대해 반성합니다. 옆집 어르신의 호의를 무시한 것입니다. 옆집 어르신인 것 같은데 저희 집 초인종을 계속 누르시는 것입니다. 그래서 저는 어르신이 치매노인인 줄 알았습니다. 제가 아마도 그 순간에 예민했었나 봅니다. 제가 한 짓은 경찰에 신고한 것입니다. 그래서 경찰이 왔습니다. 문을 열어보니 어르신이 제게 주시려고 밤을 들고 계셨습니다. 그런데 저는 그 밤을 받고 문을 닫았습니다. 감사하다는 말도 안 했습니다. 그런데 오늘 아침에는 그 일로 너무나 양심의 가책을 느꼈습니다. 그래서 미사를 드리러 가서 고백성사를 보고 집에 오는 길에 그 어르신께 드릴 롤 케이크를 사가지고 왔습니다. 기도하는 마음으로 어르신 댁에 들렀더니 마침 어르신이 계셨습니다. 그래서 어르신에게 진심으로 사과를 드렸습니다. 어르신은 흔쾌히 제 사과를 받아주셨습니다. 너무 고마왔습니다. 요즘 제가 살고 있는 아파트 주

위에는 홀로 사는 어르신들이 많습니다. 그래서 자연스럽게 어르신들을 알게 되는 기회가 생깁니다. 그렇게 알게 된 어르신들을 저는 돌봐드리고 싶습니다. 자식이 있으면서도 홀로 사시는 어르신들이 많습니다. 저는 혼자이기에 제가 할머니가 되었을 때의 외로움이 두려운데 자식이 있어도 홀로 사는 할머니들의 마음은 어떨까 생각해봅니다. 그래서 저는 지금부터 주위 할머니들을 돌봐드리고 싶습니다. 나중에 제가 할머니가 되었을 때 분명 저를 돌봐주는 손길이 있으리라고 믿습니다.

산다는 건

인생을 산다는 것은 우리 인간이면 모두가 같은 과정을 지나갑니다. 가장 연약한 아기로 태어나서 부모의 보살핌을 받으면서 성장하고 학교를 다니고 일을 하고 결혼을 하고 다시 부모가 되고 그리고 부모님을 천국으로 보내는 일을 맡아하고 그러면서 늙어가고 각자 나름의 병을 가지고 살아가고 그러다가 본인도 죽습니다. 한평생을 살면서 사랑도 하고 미워도 하고 잘난 체도 하고 기뻐도 하고 슬퍼도 하고 이별도 하고 그런 일들을 지지고 볶는다고 합니다. 그런 과정을 거치면서 살아가는 것입니다. 그것이 인생입니다. 물론 저도 그렇게 살고 있습니다. 하지만 저는 인생의 마라톤을 완주하고 싶습니다. 그러면서 자랑스럽게 하느님 앞에 나아가고 싶습니다. 좀 더 사는 데 분발하고 싶어집니다.

열심히 살다가 죽자.

그룹 〈KISS〉

제가 청소년 시절 좋아했던 그룹입니다. 그들의 대표곡이라고 하면 〈I was made for loving you〉가 있습니다. 그룹 멤버들이 진한 화장을 하고 섹시하게 노래를 부르는 밴드였습니다. 저는 지금도 그 곡을 들으면 가슴이 설렙니다. 청소년 시절 그들을 동경하고 좋아하고 가슴 설레면서 흠모했었습니다. 저도 한때는 그런 열정이 있었습니다. 지금도 그 시절을 생각하면 기분이 좋습니다. 젊음은 그래서 좋습니다. 어디로 튈지 모르는 럭비공 같은 그런 정열이 그립습니다. 그런데 나이가 들어가면서 꿈을 잃지 않으면 되는 것 같습니다. 젊은 시절의 열정과 같은 강도는 아니지만 나이가 들어가면서 가지게 되는 꿈은 잔잔하면서 그윽합니다. 저는 지금도 그런 꿈을 지니고 살아갑니다. 그래서 살 만합니다.

인생 관리

그동안 살아온 날들이 앞으로 살아갈 날들이랑 비슷해지는 시기가 되었습니다. 남은 인생도 관리를 잘해야 할 것 같습니다. 여기에서의 관리란 인간 관리도 들어가지만 건강 관리, 종교 관리, 돈 관리, 자식 관리 등 살아가는 일들에 대한 모든 것을 의미합니다. 무계획적으로 그냥 마구잡이로 살면 인생의 정리가 잘 되지 않습니다. 그래서 우리는 살면서 관리를 잘해야 합니다. 그리고 정리할 것은 정리하면서 살아야 됩니다. 아닌 일에 매달려서 살아가는 것은 자신에게 좋지 않습니다. 아닌 것은 정리해야 합니다. 그 판단력은 자신이 내려야 합니다. 그래서 사람들은 나이가 들면서 변해가는 것입니다. 변화를 두려워하지 말고 살아야 합니다. 살다 보면 그럴 수도 있습니다. 누구나 실수도 하고 실패도 하는 것입니다. 그렇게 살아가는 것입니다. 정답은 없습니다. 자기 인생에 대해서는 자기가 책임져야 합니다. 그렇게 책임지는 것이 어른스러운 것입니다. 인생을 포기하지 맙시다. 각자 태어난 이유가 분명하고 살아갈 이유도 분명합니다. 자기 인생을 잘 살아가는 것이 이 세상에서 내게 주어진 숙제입니다. 숙제를 잘하고 가야 합니다.

맛있는 식사의 즐거움

맛있는 식사는 참 사람을 행복하게 만듭니다. 즐거운 대화를 나누면서 맛을 음미하면서 먹는 식사의 즐거움은 나이가 들어가면서 새로운 행복을 주는 일입니다. 사랑하는 사람들과 정겨운 대화를 나누면서 영양 많고 맛있는 식사를 한다는 것은 무척 즐거운 일입니다. 사랑하는 사람들과 많은 추억을 만들고 싶습니다. 이왕이면 저와 식사를 하는 것을 좋아하는 친구들을 많이 만들고 싶습니다. 그러면 몸도 마음도 건강해집니다. 기분 좋게 만나서 기분 좋은 대화를 하면서 맛있게 먹으면 체내에 기분 좋은 호르몬이 생성됩니다. 그래서 건강한 삶을 사는 데 먹는 것이 기본이 되는 것 같습니다.

별일 아닌 별일을 위하여

우리에게 살아가면서 정말 중요하고 심각하다고 생각하는 일들이 있을 것입니다. 하지만 남이 사는 이야기를 들으면서 우리가 그런 일들을 잊고 가듯이 내가 가지고 있는 중요한 일들도 알고 보면 다 별일 아닙니다. 사람은 태어나서 살다가 죽는 것이 자연스러운 일입니다. 그 사람의 일생이 어떠한지는 사람마다 다릅니다. 하지만 펼쳐놓고 보면 다 별일 아닙니다. 그래서 살면서 특별히 고민할 필요 없습니다. 그냥 살면 됩니다. 세상사 다 별일 아닙니다.

국경을 지키는 일/서수찬

나는 버스를 몬다
코로나가 극성을 부려도
나는 버스를 몬다
내가 맡은 건 죽으나 사나 버스 한 대다
내가 맡은 국경은
오로지 버스 한 대다
세계가 이미 다 뚫렸는데도
나에겐 버스 한 대가 나의 세계다
세계에서 유일하게 남은 보루가
내 버스 한 대라 생각하고
나는 오늘도 버스를 몬다
내가 맡은 건 커다란 것도 아닌
눈에 표 나는 것도 아닌
그저 마스크를 안 쓰면 안 태워주는 일
평상시에 욕하는 입을 틀어막는 일

대놓고 무시하던 입들에 꼭
마스크를 씌우는 일
고성방가를 즐기던 입에
방음벽을 설치하는 일
그게 신이 나서
나는 버스 한 대를
철두철미하게 지킨다

—서수찬 시집, 『버스 기사 S시인의 운행일지』(시인동네)

당당한 여성

—공지영 작가

사실 저는 공지영 작가를 그리 높게 평가하지는 않았었습니다. 그런데 요즘 읽은 최신작들은 저에게 그런 생각을 바꾸게 해주었습니다. 소설『할머니는 죽지 않는다』와 에세이『딸에게 주는 레시피』를 읽어보면 작가가 얼마나 인생에 대해서 고민을 하고 겸손해졌는가를 느낄 수 있습니다. 그리고 50대를 살아가는 동시대인으로서 공감할 수 있는 부분들이 많았습니다. 예전 작품이 좀 거칠었다면 최근 들어서는 인생을 음미할 줄 아는 유순함이 눈에 띕니다. 그리고 작가의 사생활에 대해서 작가도 많이 고민하고 힘들어 했다는 것을 알 수 있습니다. 우리는 눈에 보이는 현상만 보고 상대를 판단할 것이 아니라 그에게 있는 여러 가지 상황들을 같이 고민해 줄 필요가 있습니다. 그리고 그런 힘든 시절들을 참고 살아오고 견뎌낸 공지영 작가의 힘이 느껴집니다. 앞으로의 작품들도 기대해 봅니다.

네 번째 이야기

양말 한 켤레

양말 한 켤레

그가 하늘나라에 갔습니다. 그는 제가 꽃가게를 그만두고 들어간 인터넷 서점에서 만난 남자입니다. 그는 글을 쓰고 사진을 찍고 영화를 좋아하는 사람이었습니다. 그리고 좀 더 솔직하게 고백하건데 그는 수도회 소속의 수도자였습니다. 그와 저는 2010년도 겨울에 만나서 2019년도 봄까지 10년을 사귄 사이입니다. 하지만 우리는 결혼은 하지 않았습니다. 그는 제 40대를 같이 보낸 남자라고 할 수 있습니다. 그는 그리고 제 첫 남자입니다. 그래서 저는 그를 더 애틋하게 생각합니다. 제게는 잊을 수 없는 남자입니다. 그런 그가 갔습니다. 그런데 제게는 그의 사진 한 장 없습니다. 남은 것이 없는 것 같았습니다. 그런데 양말 한 켤레가 있었습니다. 언젠가 그와 제가 서로 바꾸어 가진 것입니다. 그가 신던 양말이 제게 있었습니다. 저는 그 양말 한 켤레를 평생 간직할 것입니다. 그를 사랑했습니다. 그가 하늘나라에서 영원한 안식을 가지기를 기도합니다.

살아가는 힘

사람마다 상태가 다를지라도 살아가는 힘이 있는 것 같습니다. 그 힘은 내적인 에너지입니다. 강하게 살아가야 한다는 본능이 모여 있는 에너지입니다. 물론 저에게도 그런 에너지가 있습니다. 그래서 힘들지라도 세상을 꿋꿋하게 살아가는 것 같습니다. 아무리 힘들어도 살고자 하면 다 살게 마련입니다. '산 입에 거미줄 치랴'라는 속담이 있습니다. 그 말이 맞습니다. 먹고 살자고 하는 의욕이 있으면 무엇이든지 하게 됩니다. 저 역시 그렇습니다. 저도 잘 살고 싶습니다. 앞으로도 계속 열심히 살고 싶습니다. 그것이 제가 살아가는 힘입니다.

인생 후반기

생각해보니 제 인생이 오십을 기준으로 변화한 것 같습니다. 알고 지내는 사람들도 많이 바뀌었습니다. 그동안 오랜 시절을 함께 나누었던 사람들도 많이 멀어졌습니다. 대신에 새롭게 일하면서 알게 된 사람들과 연락이 많아졌습니다. 이렇게 제 인생이 새로운 국면에 들어선 것 같습니다. 그런데 저는 새롭게 인연을 쌓은 사람들이 편안하고 좋습니다. 그분들이 지금 현재의 있는 그대로의 제 자신을 받아주는 분들인 것 같습니다. 이렇게 저는 40대를 지나서 50대를 살아가고 있습니다. 앞으로 남은 인생도 잘 꾸려 나가고 싶습니다.

코로나 시대를 살아가는 일상

누가 지금 현재 이런 사태가 벌어지고 있을지 예측이나 할 수 있었습니까. 저는 예측하지 못했습니다. 이렇게 재난기본소득을 받게 될 줄은 몰랐습니다. 대학원 수업도 온라인으로 진행되는 것을 상상이나 했을까요. 보고 싶은 사람들과는 전화를 하고 있습니다. 주변이 간출해지는 느낌입니다. 어수선하고 시끄럽던 일상이 단조롭게 변했습니다. 제 동선은 별로 다양하지 않습니다. 집, 직장, 마트, 식당, 다시 집…… 아무래도 당분간은 이렇게 지낼 것 같습니다. 그것이 일상인 것을 지금에서야 받아들이고 있습니다.

생명을 구한 느낌

지난 일요일에 응급실로 CT를 찍으러 환자를 이송했다. 그런데 먼저 온 환자가 CT를 찍고 있어서 대기하고 있었다. 그런 중에 다른 병동에서 전화가 와서 수혈을 받아다 달라고 했는데 나는 지금 CT를 대기하고 있는 환자가 있어서 당장 못 간다고 했다. 그리고 나서 환자는 CT를 찍고 병동으로 올라왔다. 그런데 그 환자가 조금 있다가 집중 치료실로 옮겨지고 가쁜 호흡을 하고 있는 모습을 보았다. 저녁 8시 무렵에 병동에서 그 환자를 중환자실로 옮겨달라는 요청이 왔다. 그래서 그 환자를 모시고 중환자실로 옮겨갔다. 나는 사실 그 당시만 해도 고령의 그 환자의 모습이 안타까울 다름이었다. 환자를 중환자실로 옮기고 병실을 치워야 하는데 왠지 그 환자의 자리를 그대로 두고 싶었다. 그래서 간호사에게 가족들도 경황이 없으니 내일 치우자고 말했다. 간호사들도 그럴 것 같다며 나중에 치우자고 했다. 왠지 그 환자의 자리를 보존해 주고 싶었다. 그리고 병동 약국에 가는 길에 중환자실 직원이 그 환자가 시술받으러 갔다고 하면서 고령인데 무슨 시술을 하냐고 불평을 하는 소리를 들었다. 그런데 오늘 병동에 가니 그 환자가 살아났다는 것이다. 시술을 받고 상태가 많이 호전되어서 지금은 말씀도 하신다고 한다. 그 환자는 살았다. 나는 무언가 내가 그 환자를 살리는 데 조금이나마 도움이 되었다는 느낌이 들었다. 내가 사람을 살렸다. 살리고 싶었는데 살았다. 하느님이 주신 생명에 감사한다. 열심히 살아야겠다.

50년을 살아온 것에 대한 칭찬

문득 제가 한눈팔지 않고 50년을 살아왔다는 것에 대해서 칭찬해 주고 싶습니다. 방황하지 않았고 늘 항상 자신을 사랑했으며 열심히 살았습니다. 제가 살아온 세월들에게 감사합니다. 제가 살아오면서 출세는 안 했더라도 저는 잘 살아왔습니다. 앞으로도 잘 살겠습니다.

평범함과 다복함

이제야 저는 제가 참 평범한 사람이라는 것을 알았습니다. 참 오래도 걸렸습니다. 저는 참 평범하고 별로 특별하지 않으며 그렇다고 너무 착하지도 않고 적당히 이기적이고 눈치 빠른 사람이었습니다. 이것을 알고 나니 마음이 편안해집니다. 그리고 제 주변에는 어린 시절 부모님과 형제들부터 해서 참 좋은 사람들이 많았습니다. 그래서 저는 다복합니다. 참 감사합니다. 이것이 제가 행복한 이유입니다.

내 그릇에 만족하자

세상에는 저보다 더 잘나고 잘 사는 사람들이 많습니다. 제가 갖지 못한 것을 가진 사람들이 많습니다. 하지만 지금 제가 가진 그릇에 만족하고 싶습니다. 그래야 제가 살기가 더 편합니다. 제 그릇에 차고 넘치면 부담되고 제 그릇에 부족하면 적어서 불만이 됩니다. 그냥 제가 가진 그릇에 넘치지 않을 정도로 찰랑찰랑하면 됩니다. 그것에 만족하고 싶습니다.

즐거운 취미

요즘 저는 여행을 다닙니다. 한 번도 가보지 못한 곳을 찾아서 대중교통을 이용해서 여행을 다니고 있습니다. 그런데 그 과정이 무척 재미있습니다. 목적지까지 찾아가면서 느끼는 호기심과 기대감도 좋습니다. 그리고 인증샷도 꼭 남깁니다. 그러면 나중에 그곳에 대한 감상이 다시 떠오릅니다. 저는 국내 여행지 100곳을 다닐 예정입니다. 그다음에는 해외 여행지 100곳을 예정하고 있습니다. 100곳을 다시면서 느끼는 만족감이 큽니다. 여행은 시각과 청각 그리고 미각을 만족시켜주는 취미입니다. 그래서 재미있습니다. 앞으로 제 여행은 계속 이어져 나갈 것 같습니다.

아름다운 사전

나는 가끔
두꺼운 사전의 속살을 오려냅니다

뚱뚱하고 못생긴 명사
보여주고 싶지 않은 형용사
감추고 싶은 동사
안기고 싶은 조사

오려내고 나면
사라질 것이라고 믿는,

가슴속에 묻어버린 이별
지워버린 첫사랑의 마침표

버림받고 짓밟힌

사전이 피를 흘립니다

하지만
언제쯤 알게 될까요
너덜너덜해진 사전 속에
더 아름다운 말들이
숨어 있다는 것을

천재 감독

—왕가위 감독

왕가위 감독의 영화 〈화양연화〉를 봤습니다. 저는 영화를 보면서 왕가위 감독은 천재라는 감탄을 했습니다. 남녀의 사랑을 그렇게 멋지게 만들 수 있는 감독은 아마 왕가위 감독이 유일하리라고 생각합니다. 그러면서 저는 제가 천재가 아닌 평범한 사람이어서 이렇게 멋진 영화를 행복해하며 감상할 수 있음에 감사했습니다. 앞으로 저는 왕가위 감독의 영화는 모조리 볼 예정입니다. 제가 뒤늦게 왕가위 감독을 알게 된 것이 조금 아쉽습니다. 아마 저는 광팬이 될 것 같습니다.

다섯 번째 이야기

나의 아름다운 발자취

군산 선유도

이른 아침에 서해금빛열차를 타고 군산에 도착했습니다. 저는 군산역에 내리면 식사를 할 곳이 있으리라고 생각했습니다. 그런데 정말 아무것도 없는 곳이었습니다. 그래서 자판기에서 파는 초코파이 두 개로 끼니를 때웠습니다. 선유도에 가는 버스를 기다리는데 택시 기사께서 버스를 타면 두 시간은 간다고 하십니다. 그 이야기를 들었을 때 저는 기사 분이 호객행위를 하는 것이라고 생각했습니다. 선유도 초입까지 택시로 3만원은 한다는 이야기에 저는 그냥 버스를 타고 가기로 했습니다. 그런데 정말로 버스를 타고 두 시간은 걸렸습니다. 제가 탄 버스는 군산 곳곳을 모두 돌아서 선유도 들어가는 초입에 내려주었습니다. 그런데 버스에서 내린 손님은 저와 한 중년 남성 한 분뿐이었습니다. 그렇게 저희는 자연스럽게 동행이 되었습니다. 선유도 들어가는 버스를 같이 탔습니다. 선유도는 정말 아름다운 곳이었습니다. 새만금 간

척지가 옆으로 보이고 잔잔한 바다가 참 아름다웠습니다. 우리는 돌아가는 열차 시간이 급해서 선유도에서 점심만 먹고 또 버스를 타고 선유도 초입으로 돌아왔습니다. 마침 택시가 근처에 있어서 총알같이 군산역으로 갔습니다. 덕분에 저는 돌아가는 기차를 놓치지 않고 서울로 돌아왔습니다. 군산역에서 만난 그분을 그 후에 다시 만났습니다. 길에서 만난 인연이었습니다. 우리는 좋은 친구가 된 것 같습니다. 군산 선유도를 그래서 잊지 못할 것 같습니다. 친구를 만들어준 여행지입니다.

고창 선운사

제가 선운사를 찾은 것은 봄날이었습니다. 그런데 선운사 가는 길이 너무나 아름다웠습니다. 정말 가을에 단풍이 짙을 때 다시 온다면 너무나 멋진 곳이 될 것 같습니다. 물론 봄날에도 아름다운 곳이었습니다. 선운사는 원래 혼자 가려고 한 곳이 아닙니다. 여행지에서 만난 친구랑 같이 오기로 했었는데 그 친구가 급한 일이 생겨서 제가 혼자 찾은 곳입니다. 항상 느끼는 것이지만 여행지에서 커피를 마시면 참 맛있습니다. 선운사에도 정갈한 카페가 있어서 커피를 마시면서 선운사에서 찍은 사진들을 정리하면서 지인들에게 보내는 작업을 했습니다. 커피맛이 참 좋았습니다. 그리고 여행지를 돌아보고 마음을 정리하는 시간이 됩니다. 이런 평화로움이 행복입니다. 다음에는 친구와 함께 가을날에 한 번 더 찾아올 것입니다. 잘 다녀왔습니다.

전주 한옥마을

제가 가본 여행지 중에서 다시 가보고 싶은 곳을 꼽으라면 주저 없이 전주 한옥마을을 추천하고 싶습니다. 전주까지 KTX 열차를 타고 가서 버스를 타고 도착했습니다. 아기자기하고 음식도 정말 맛있는 곳이었습니다. 역시 전주답게 전주비빔밥이 무척 맛있었습니다. 곳곳에 먹을거리도 있고 볼거리도 풍부한 곳이었습니다. 보통 한옥마을을 찾는 관광객들은 근처에서 1박을 하고 저녁에 주점에서 술을 한잔한다고 합니다. 전주에는 맛있는 안줏거리와 낭만적인 분위기를 연출하는 주점이 많다고 합니다. 하지만 저는 혼자 간 여행이라서 한옥마을 사진을 찍고 커피를 한 잔 마시고 다시 돌아왔습니다. 다음에 다시 온다면 한복을 입고 한옥마을 거리를 활보하고 싶습니다. 그러면 제가 다시 조선시대로 돌아간 기분이 되지 않을까요?

그림을 그려봐요

나무 밑동에 고동색을 칠해 봐요
어린 나무가 자라나요
무럭무럭 자라서 담을 넘겠네요
잎을 칠해 봐요
어린잎이 자라서
풍성하게 만발하네요

보세요
열매도 열렸어요
열매가 하도 많아서
나뭇가지가 기우뚱해요

마음에도 색을 칠해 봐요
우울한 회색빛 말고
밝은 핑크색으로 환하게 칠해 봐요

보세요
마음이 예쁘게 웃고 있네요

그래요
우리 아름답게 잘 지내봐요
멋지게 살아보자구요

지리산 화엄사

원래는 지리산 노고단을 가려고 시작한 여행입니다. 그런데 제가 노고단을 찾은 날은 비가 많이 내렸습니다. 구례역에 내려서 노고단 들어가는 버스를 타고 가는데 버스 기사께서 노고단에 들어가지 못할지도 모른다고 하십니다. 그래도 노고단 아래까지 도착했습니다. 우선 비가 부슬부슬 내려서 라면을 먹고 싶었습니다. 컵라면을 먹고 요기를 했습니다. 그런데 노고단 출입이 금지되었다고 합니다. 아쉬운 마음에 타고 온 버스를 타고 다시 내려갔습니다. 지리산까지 왔는데 안 보고 가기는 서운해서 화엄사를 들렀습니다. 비가 내려서 물안개가 서린 지리산의 모습은 정말 신령스러워 보였습니다. 화엄사 들어가는 길도 무척 아름다웠습니다. 오히려 비가 내려서 더 운치가 있는 것 같았습니다. 화엄사는 아기자기하고 멋진 곳이었습니다. 비는 오는데 화엄사에서 커피를 마시면서 보는 처마 밑 뚝뚝 떨어지는 빗방울은 정말 신의

한 수였습니다. 다음에 올 때는 노고단을 다시 도전해 보겠습니다. 무언가 신령스러운 기운을 받고 돌아온 여행이었습니다.

춘천 남이섬

사계절이 아름다운 여행지를 누군가 찾는다면 저는 춘천 남이섬을 추천할 것입니다. 남이섬은 초봄에 다녀왔습니다. 그런데 자연경관이 정말 평화롭고 아름다운 곳이었습니다. 그리고 정갈한 음식점에서 먹은 김치전을 잊을 수 없습니다. 물론 이곳에서도 커피를 마셨습니다. 저는 여행지에서 마시는 커피는 남다른 맛을 가진다고 생각합니다. 커피에는 그곳 여행지의 추억과 감상과 평화로움이 담겨 있습니다. 그래서 커피를 좋아하는 저는 꼭 그곳 커피를 맛봅니다. 남이섬은 아이들과 같이 와도 좋고 연인들이 와도 산책을 할 수 있어서 좋습니다. 곳곳에 자연경관이 아주 평화로운 곳입니다. 사계절에 따라서 자연의 모습이 달라지는 것을 보는 것도 좋은 경험이 될 것 같습니다. 다음에 다시 한 번 와보고 싶은 곳 남이섬입니다.

강감찬의 낙성대 공원

강감찬 장군은 제 조상입니다. 우연히 알게 된 지인의 소개로 같이 가본 곳입니다. 서울 낙성대역에 내려서 가면 가깝습니다. 물론 서울에도 가볼 만한 곳이 많습니다. 낙성대 공원은 곳곳에 조성이 잘 되어 있어서 가족 단위로 와도 좋을 곳입니다. 이곳에 가면 공원만 볼 것이 아니라 우리나라 역사 공부도 되는 곳입니다. 강감찬 장군의 생애와 역사를 돌아볼 기회가 되었습니다. 그리고 알고 보니 제 지인이 글을 쓰러 오는 곳이라고 합니다. 제가 아닌 다른 사람의 일상을 같이 경험할 수 있는 곳이기도 했습니다. 우리는 살아가면서 많은 사람을 만나는 것 같습니다. 그중에는 스쳐 지나가는 인연도 있지만 낙성대 공원에 동행했던 분처럼 오래 만나게 될 인연도 있습니다. 만남의 인연을 소중이 가꿔보고 싶습니다. 그리고 만남은 선물인 것 같습니다. 소중한 인연 오래오래 간직하며 살아가겠습니다.

김포 대명항

우연히 여행에서 만난 지인과 함께 간 곳입니다. 서울 영등포에서 김포 가는 버스를 타고 들어갔는데 김포 곳곳을 돌아서 도착했습니다. 저는 이렇게 한 번도 안 가본 곳을 가보는 호기심을 좋아합니다. 마치 무언가를 정복하는 기분이고 문제를 풀어가는 느낌입니다. 김포 대명항에 내려서 왕새우튀김을 먹었습니다. 무척 맛이 좋았습니다. 그리고 해변을 따라서 산책로를 산책했습니다. 대명항은 낙조가 아름다운 곳이라고 합니다. 우리가 마침 저녁 무렵에 도착해서 낙조를 볼 수 있었습니다. 혼자 가는 여행도 좋지만 둘이 가는 여행도 재미있습니다. 왜냐하면 저의 취향과는 다른 취향에 따라 움직이는 것도 또한 새로움을 느끼게 해주는 것 같습니다. 아무튼 우리는 대명항에서 낙조를 보고 또 서울 가는 버스를 타고 돌아왔습니다. 낙조의 추억이 있는 김포 대명항도 잊지 못할 것 같습니다.

부여 내소산성

아마 역사를 잘 모르는 사람도 백제의 삼천궁녀가 몸을 던진 낙화암은 아실 것입니다. 바로 그곳에 가 보았습니다. 내소산성을 따라 올라가면 낙화암에 도착합니다. 그리 높지 않은 곳이었습니다. 그런데 저는 이곳에서 정말 잊지 못할 버스를 보았습니다. 백마강을 달리는 버스입니다. 버스가 물 위를 달려가고 있었습니다. 정말 믿지 못할 일이 눈에 보였습니다. 저는 이곳에서 황토돛배를 탔습니다. 배를 타고 건너가는 백마강도 정말 멋진 경관이었습니다. 하지만 다음에는 꼭 그 버스를 타보고 싶습니다. 마침 같이 동행했던 지인의 생일이 가까워서 생일파티 겸 간 곳입니다. 그런데 정말 편안하고 안락한 분위기의 부여를 잊지 못할 것 같습니다. 백제의 역사를 지니고 있는 역사가 있는 부여는 좀 더 발전하면 훌륭한 유적지가 될 것 같습니다. 멋진 곳 멋진 여행 정말 즐거운 하루였습니다.

병산서원에서 보내는 늦은 전언 / 서안나

지상에서 남은 일이란
한여름 팔작지붕 홑처마 그늘 따라 옮겨 앉는 일

게으르게 손톱 발톱 깎아 목백일홍 아래 묻어주고 헛담배 피워 먼 산을 조금 어지럽히는 일 햇살에 다친 무량한 풍경 불러들여 입교당 찬 대청마루에 풋잠으로 함께 깃드는 일 담벼락에 어린 흙내 나는 당신을 자주 지우곤 했다

하나와 둘 혹은 다시 하나가 되는 하회의 이치에 닿으면 나는 돌 틈을 맴돌고 당신은 당신으로 흐른다

삼천 권 고서를 쌓아 두고 만대루에서 강학(講學)하는 밤 내 몸은 차고 슬픈 뇌옥 나는 나를 달려 나갈 수 없다

늙은 정인의 이마가 물빛으로 차고 넘칠 즈음 흰 뼈 몇 개로 나는 절연의 문장 속에서 서늘해질 것이다 목백일홍 꽃잎 강물에 풀어 쓰는 새벽의 늦은 전언 당신을 내려놓는 하심(下心)의 문장이 다 젖었다

—서안나 시집, 『립스틱 발달사』(천년의시작)

인생의 인연

–법륜스님

스님의 글을 접하면 참 마음이 맑아집니다. 이 세상을 살아가면서 마음의 등불 하나 켜놓고 삶의 방향을 잃지 않고 살아가게 해줍니다. 다른 무엇이 좋은 글이겠습니까. 스님의 글처럼 마음이 밝아지는 글이 좋은 글 아닐까요. 그렇게 생각합니다. 스님의 지혜로움에 감동하며 앞으로 제가 살아가는 데에도 등불이 되는 글들에 감사합니다. 불교의 인연이라는 것에 대해서도 생각해봅니다. 소중한 인연 간직하면서 앞으로도 스님의 글을 계속 접하며 마음을 수행해보고 싶습니다.

강지언 산문집

혼자 사는 게 취미랍니다

초판 1쇄 인쇄 2022년 8월 3일
초판 1쇄 발행 2022년 8월 10일

지은이 | 강지언
펴낸이 | 김석봉
디자인 | 헤이존
펴낸곳 | 문학의전당
등 록 | 제448_251002012000043호
주 소 | 충북 단양군 적성면 도곡파랑로 178
전 화 | 043_421_1977
이메일 | sbpoem@naver.com

ISBN 979_11_5896_556_3 03810